Impressum
Verlag: BABADADA GmbH, Nedderfeld 112 , 22529 Hamburg
Geschäftsführer / Verlagsleitung: Harald Hof
Druck: Books on Demand GmbH, In de Tarpen 42, 22848 Norderstedt

Imprint
Publisher: BABADADA GmbH, Nedderfeld 112 , 22529 Hamburg, Germany
Managing Director / Publishing direction: Harald Hof
Print: Books on Demand GmbH, In de Tarpen 42, 22848 Norderstedt

學校
sukuu

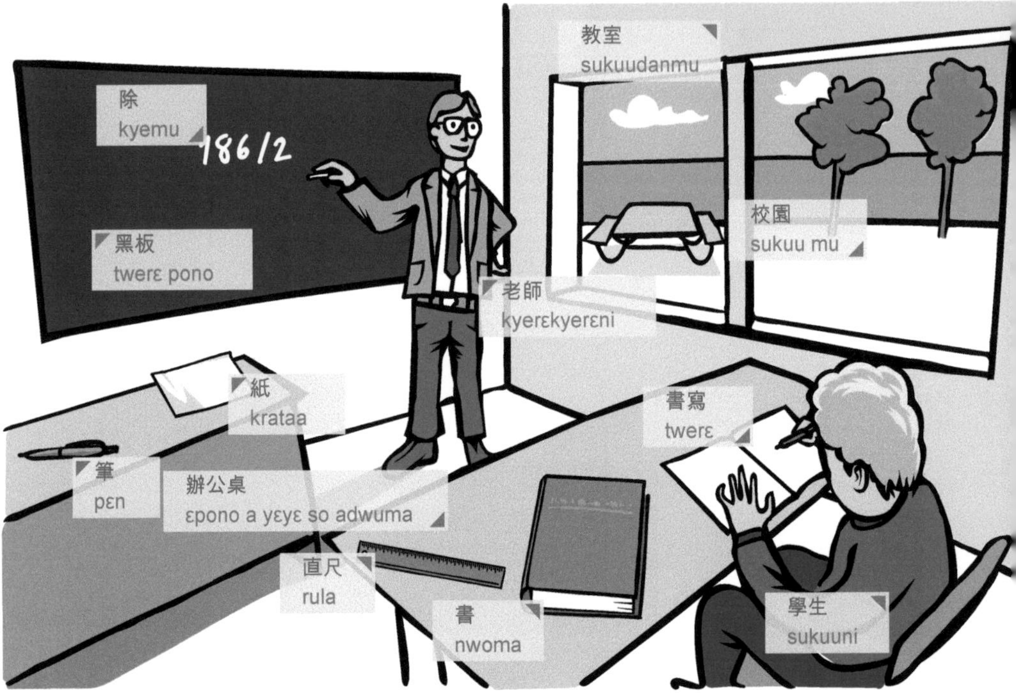

教室
sukuudanmu
除
kyemu
186/2
黑板
twerɛ pono
校園
sukuu mu
老師
kyerɛkyerɛni
紙
krataa
書寫
twerɛ
筆
pɛn
辦公桌
ɛpono a yɛyɛ so adwuma
直尺
rula
書
nwoma
學生
sukuuni

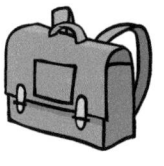

書包
baage

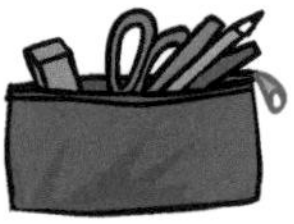

鉛筆盒
twerɛdua konko

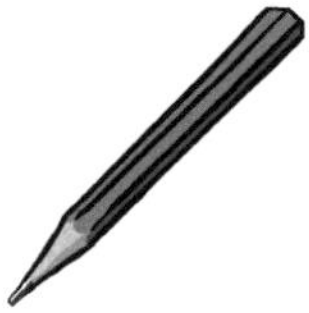

鉛筆
twerɛdua

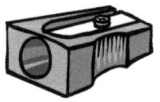

削鉛筆機
deɛ yɛde sensen twerɛdua ano

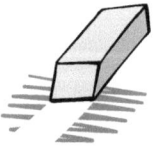

橡皮擦
rɔba

畫板
krataa a yɛdwi adeguso

圖畫
adedwie

畫筆
penti brɔhye

顏料盒
penti adaka

剪刀
apasoɔ

膠水
aman

練習冊
nwoma a yɛyɛ mu adwuma

家庭作業
efie adwuma

數字
nɔma

加
kabom

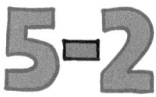

減
te fri mu

乘
mmɔho

計算
sese

字母
lɛtɛ

字母表
ntwerɛeɛ

字
asɛmfua

學校 - sukuu

課文

ntwerɛdeɛ

讀

kenkan

粉筆

kyɔk

上課

adesua

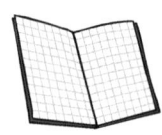

登記

twerɛ wo din

考試

nsɔhwɛ

證書

abodinkrataa

校服

sukuu ataadeɛ

教育

adesua

百科全書

nyansa nwoma

大學

suapɔn

顯微鏡

maakroskop

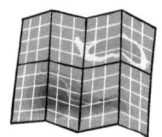

地圖

map

廢紙簍

kɛntɛn a yɛde krataa nwura gu mu

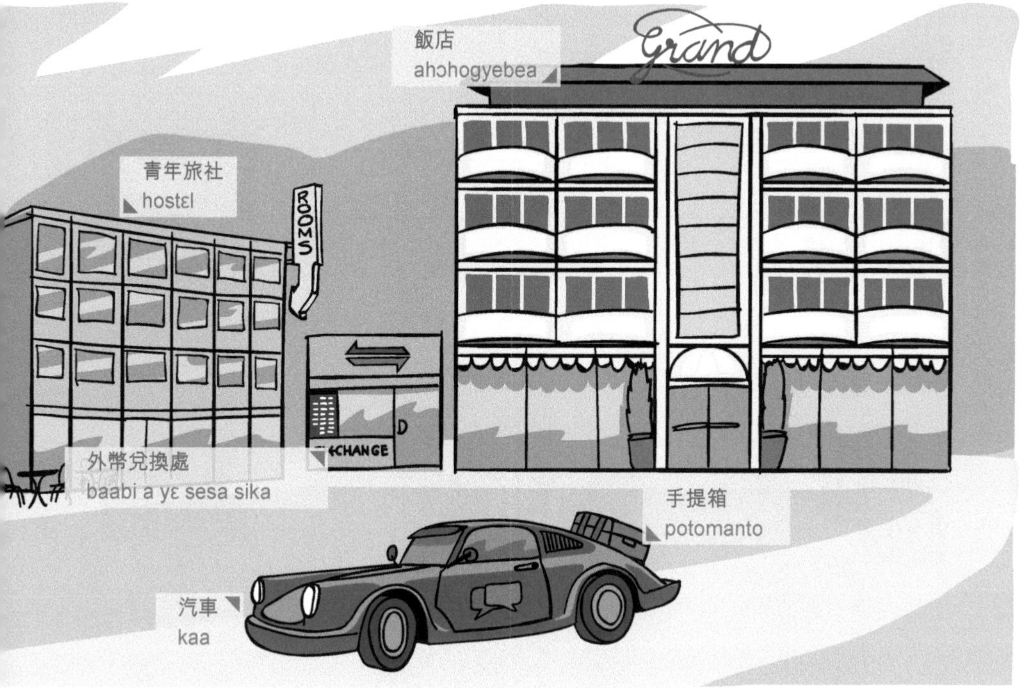

飯店
ahɔhogyebea
Grand
青年旅社
hostɛl
ROOMS
外幣兌換處
baabi a yɛ sesa sika
EXCHANGE
手提箱
potomanto
汽車
kaa

語言
kasa

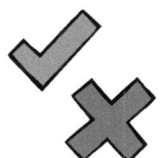

是/否
aane / dabi

好的
Yoo

您好
hɛlo

翻譯人員
kasa asekyerɛfoɔ

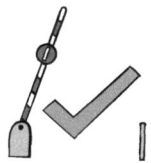

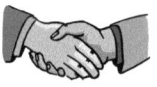

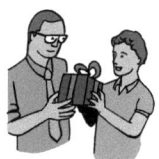

謝謝
Medaase

......多少錢？

...bɔɔ yɛ sɛn?

我不明白

Me nte aseɛ

問題

ɔhaw

晚上好！

Maadwo!

早上好！

Maakye!

晚安！

Dayie!

再見

baibai o

方向

akwankyerɛ

行李

wo nneɛma

包

bɔtɔ

背包

akyirebɔtɔ

客人

ɔhɔhɔ

房間

danmu

睡袋

bɔtɔ a yɛda mu

帳篷

ntomadan

旅行資訊

ɔkɔw dema wɔn a wɔkɔ nsrahwɛ

海灘

mpoano

信用卡

kaade a yɛde yi sika

早餐

anɔpa aduane

午餐

awua aduane

晚餐

anwumerɛ aduane

票

tiket

電梯

pegya

郵票

stamp

邊界

ɛhyeɛ so

海關

kutɔmfoɔ

大使館

embasi

簽證

visa

護照

passpɔt

交通運送
akɔneabadie

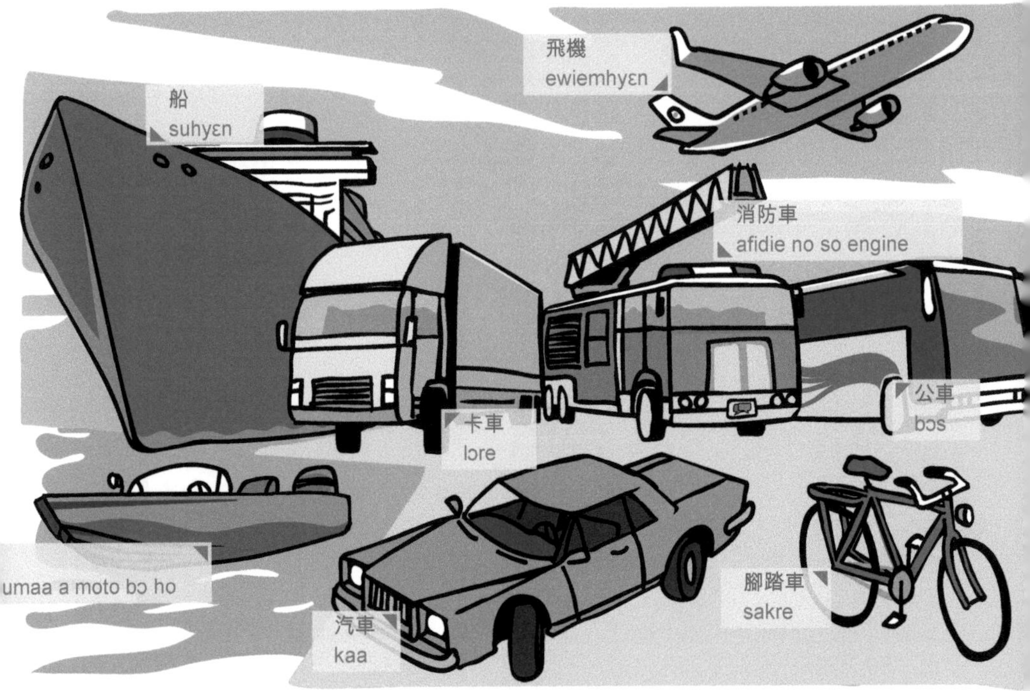
飛機
ewiemhyɛn
船
suhyɛn
消防車
afidie no so engine
公車
bɔs
卡車
lɔre
umaa a moto bɔ ho
腳踏車
sakre
汽車
kaa

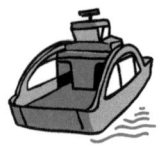

渡輪
hyɛma

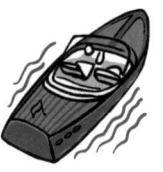

小船
suhyɛn kumaa

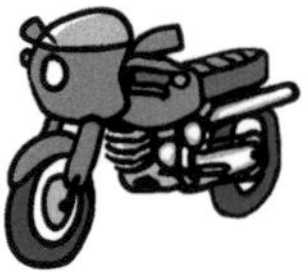

機車
motosakre

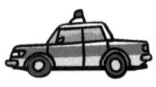

警車
polisifoɔ kaa

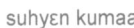

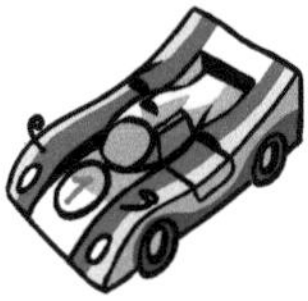

賽車
kaa a ɛkɔ mirika akansie

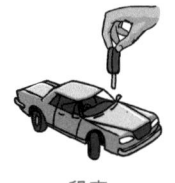

租車
kaa a yɛde ma ahan

拼車
wɔre kyɛ kaa

拖車
lɔre a asɛeɛ

垃圾車
bɔɔla kaa

馬達
moto

汽油
pɛtro

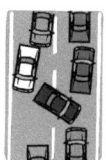

加油站
baabi a yɛbu pɛtro

交通標識
trafik ahyɛnsodeɛ

交通
trafik

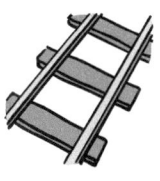

交通堵塞
trafik akye

停車場
baabi a yɛde kaa esi

火車站
keteke gyinabea

軌道
keteke kwan

火車
keteke

路面電車
tram

客車廂
ponkɔ kaa

直升機

helikopta

機場

ewiemhyɛnbea

塔

abansoro

乘客

apasingyani

集裝箱

tontowa

紙板箱

adaka

手推車

kaate

籃子

kɛntɛn

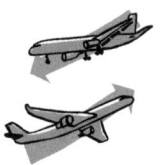

起飛/降落

atu / asi fam

城市

kuro kɛseɛ

村莊

akurase

市中心

kuro dwaberɛ mu

房子

efie

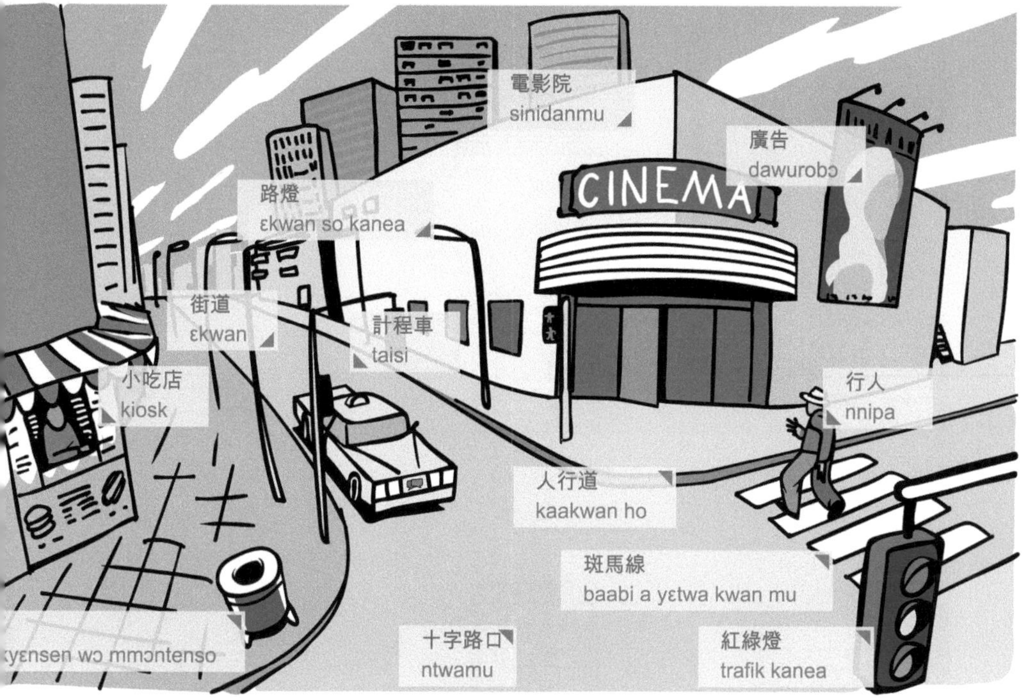

電影院
sinidanmu
廣告
dawurobɔ
CINEMA
路燈
ɛkwan so kanea
街道
ɛkwan
計程車
taisi
小吃店
kiosk
行人
nnipa
人行道
kaakwan ho
斑馬線
baabi a yɛtwa kwan mu
yɛnsen wɔ mmɔntenso
十字路口
ntwamu
紅綠燈
trafik kanea

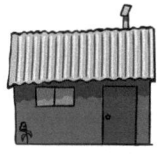

小屋

apata

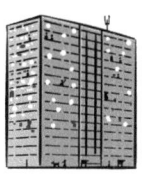

公寓

efie

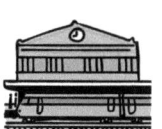

火車站

keteke gyinabea

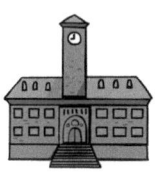

市政廳

adwaberɛm

MUSEUM

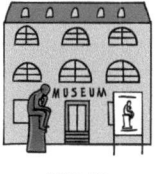

博物館

bea a yɛ kora tete nneɛma

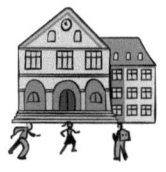

學校

sukuu

大學

suapɔn

銀行

sikakrobea

醫院

ayaresabea

飯店

ahɔhogyebea

藥房

famasi

辦公室

asoeɛ

書店

sotɔɔ a wɔtɔn nwoma

商店

sotɔɔ

花店

baabi yɛtɔn nhwiren

超市

nɔcɔcɔpɔn

市場

edwam

百貨商店

sotɔɔ kɛseɛ

魚店

baabi a yɛtɔn mpataa

購物中心

dwadibea kɛseɛ

海港

suhyɛn gyinabea

公園

baabi kaa gyina

長凳

bɛnkye

橋

ɛtwene

樓梯

atwedeɛ

捷運

asaase ase

隧道

ɛbɔn

公車站

baabi a bɔs gyina

酒吧

nsanombea

餐館

adidibea

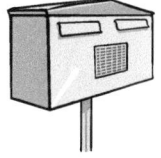

郵筒

lɛta adaka

路標

ɛkwan so akwankyerɛ

停車計時器

baabi kaa gyina ho mita

動物園

zoo

游泳池

nsuo a yɛ dware mu

清真寺

nkramodan

農場

afuo

污染

deɛ egu mmɔnten so fi

墓地

asieɛ

教堂

asɔre

操場

agodibea

寺廟

asɔre dan

地形

mmɔnten so asiesie

樹葉
ahaban

指示牌
sanbɔd

路
kwan

草地
asaase a ɛsere wɔ so

石頭
boba

徒步旅行者
ɔnantefoɔ

樹
dua

河
asubɔnten

草
ɛserɛ

花
nhwiren

峽谷
amenamu

丘陵
bepɔ

湖
tadeɛ

森林
kwaeɛ

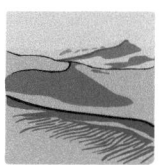

沙漠
ɛserɛ so

火山
egya a efri botan mu

城堡
abankɛseɛ

彩虹
nyankontɔn

蘑菇
emere

棕櫚樹
abɛtene

蚊子
ntomntom

蒼蠅
tu

螞蟻
ntɛtea

蜜蜂
wowa

蜘蛛
ananse

地形 - mmɔnten so asiesie

15

甲蟲
amankuo

青蛙
apɔnkyerɛni

松鼠
opuro

刺蝟
apɛsɛ

野兔
adanko

貓頭鷹
patuo

鳥
anomaa

天鵝
nsuo mu dabodabo

野豬
kɔkɔte

鹿
adoa

麋鹿
ɔtweenini

水壩
dam

風力發電機
wind turbine afidie

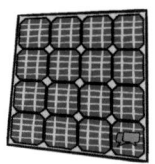

太陽能電池板
afidie a ɛkye awia

氣候
wiem nsakraeɛ

餐館

adidibea

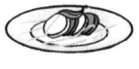

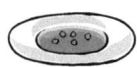

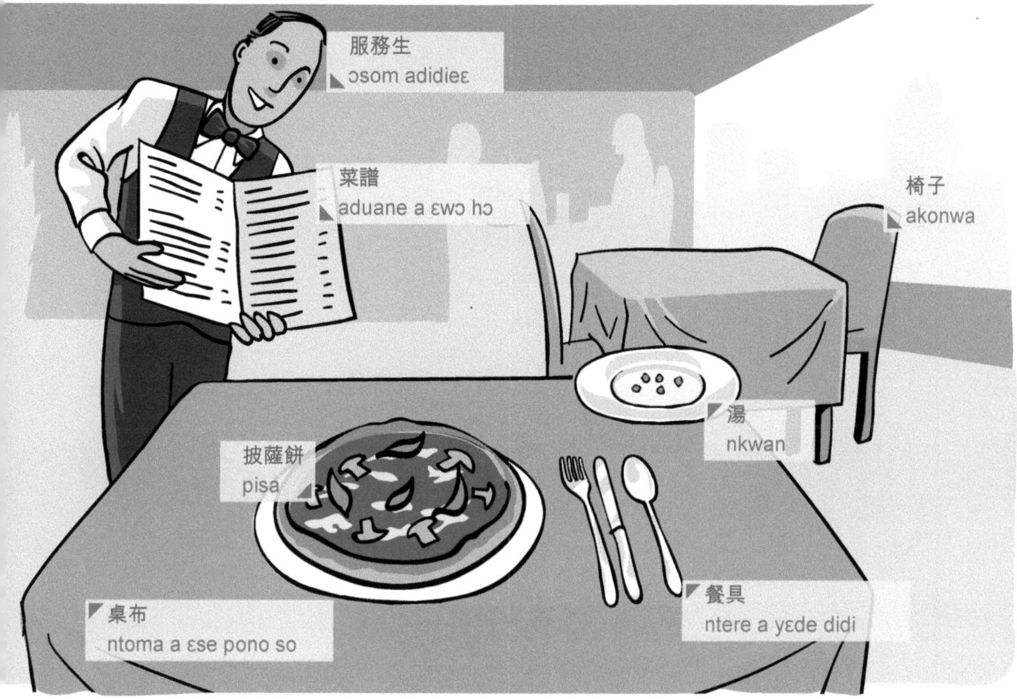

服務生
ɔsom adidieɛ
菜譜
aduane a ɛwɔ hɔ
椅子
akonwa
湯
nkwan
披薩餅
pisa
餐具
ntere a yɛde didi
桌布
ntoma a ɛse pono so

前菜

mprampra anom

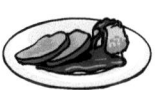

主菜

aduane no ankasa

甜點

mpa anom

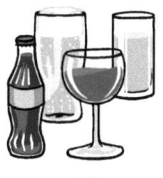

飲料

nsa

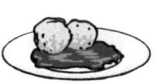

食物

aduane

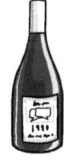

瓶子

toa

速食
aduane hyewhyew

街邊小吃
abɔnten so aduane

茶壺
tii kukuo

糖盒
asikyire konko

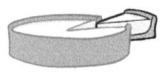

一份飯菜
wo kyɛfa

義式咖啡機
espresso afidie

高腳椅
akonwa tenten

帳單
wo ka

托盤
apanpan

刀
sekan

餐叉
adinam

勺子
atere

茶匙
atere ketewa

餐巾
napkin a yɛde pepa ano

玻璃杯
glase

餐館 - adidibea

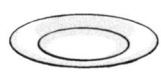

碟子

prɛte

湯盤

kwan kyɛnsee

碟子

prɛte ketewa

醬

abomu

鹽瓶

nkyene kukuo

胡椒研磨罐

yɛde yam mako

醋

fenega

食用油

anwa

調味料

aduhwam

番茄醬

kɛkyɔp

芥末

mustad

美乃滋

mayones

超市

sotɔɔpɔn

特價
ntesoɔ soronko
顧客
adetɔfoɔ
乳製品
nanatwie nufusuo
水果
aduaba
購物車
hwiili
FOR

BUTCHERS

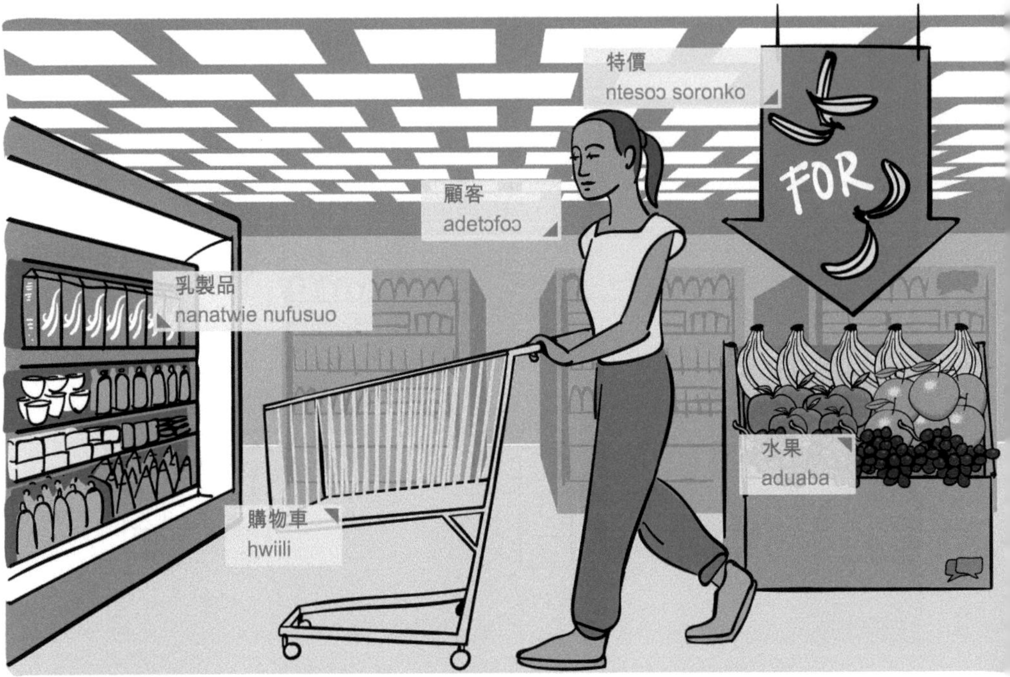

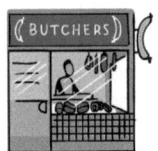

肉鋪

baabi a yɛtɔn nam

BAKERY

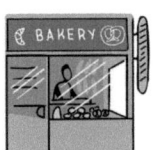

麵包店

baabi a yɛtɔn paano

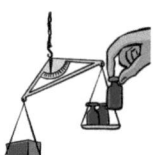

稱重

susu

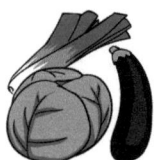

蔬菜

atosodeɛ

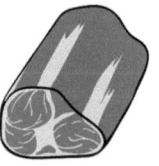

肉

nam

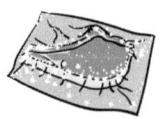

冷凍食品

frigyemu aduane

冷盤
nam a adwɔɔ

罐頭食品
kyɛnsee mu aduane

洗衣粉
paoda samena

甜食
adedɔkɔdɔkɔ

日用品
efie nneɛma

清潔用品
adetɔneɛ a yɛde pepa fin

銷售員
nnipa a ɔtɔn adeɛ

收銀機
afidie a egye sika

收銀員
ɔgyegye sika

購物清單
rataa a wodi rekɔ di dwa

開放時間
berɛ a wɔde bua

錢包
sikabotɔ

信用卡
kaade a yɛde yi sika

袋子
baage

塑膠袋
rɔba baage

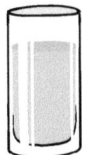

水

nsuo

果汁

aduaba mu nsuo

牛奶

nufusuo

可樂

kok

紅酒

wain nsa

啤酒

biya

酒

mmorosa

可可

kokoo

茶

tii

咖啡

kofe

義式濃縮咖啡

espresso

卡布奇諾

kapukyino

香蕉

kwadu

蘋果

apol

柳丁

ankaa

西瓜

melon

檸檬

cotukɛ

胡蘿蔔

karɔt

大蒜

garlik

竹子

pampro

洋蔥

gyeene

蘑菇

mmere

堅果

nkateɛ

麵條

talia

義大利麵

spageti

米飯

ɛmo

沙拉

salad

薯條

kyipis

炸馬鈴薯

abrɔdwomaa a y'akye

披薩餅

pisa

漢堡

hambɔga

三明治

sanwekye

炸豬排

nam a dompe nnim

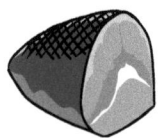

火腿

preko nam

義大利臘腸

nam a y'ahata

香腸

sɔsege

雞肉

akokɔ

烤肉

toto

魚

apataa

燕麥片

oosu koko

木斯里

muesli

玉米片

konflese

麵粉

esam

牛角麵包

krossant

麵包捲

paano a y'abobɔ

麵包

paano

吐司

paano a y'atoto

餅乾

biskete

奶油

bɔta

凝乳

nufusuo a ada

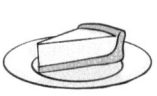

蛋糕

keeke

蛋

kosua

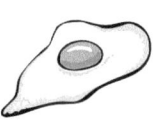

煎蛋

kosua a y'akyeɛ

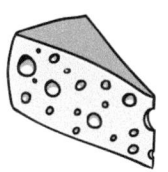

起司

kyiis

冰淇淋

asskrim

糖

asikyire

蜂蜜

ɛwoɔ

果醬

gyaam

巧克力醬

kyokolete

咖哩

kɔri

農場
afuo

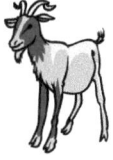

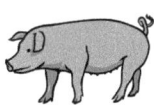

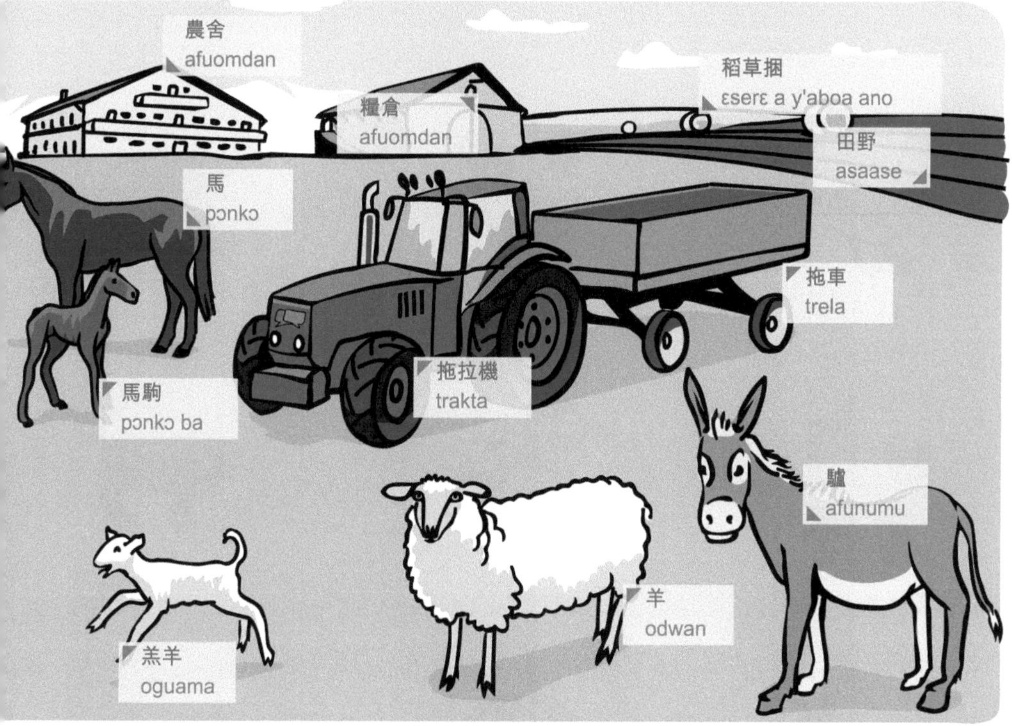

農舍
afuomdan
糧倉
afuomdan
稻草捆
ɛserɛ a y'aboa ano
田野
asaase
馬
pɔnkɔ
拖車
trela
拖拉機
trakta
馬駒
pɔnkɔ ba
驢
afunumu
羊
odwan
羔羊
oguama

山羊
apɔnkye

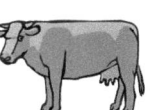

奶牛
nantwie

小牛
nantwie ba

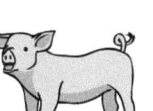

豬
prɛko

小豬
prɛko ba

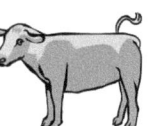

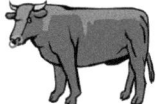

公牛
nantwinini

鵝

dabodabo nua

鴨

dabodabo

小雞

akokɔba

母雞

akokɔbedeɛ

公雞

akokɔnini

鼠

kusie

貓

ɔkra

老鼠

akura

牛

nantwinini

狗

kraman

狗屋

kraman buo

花園澆水軟管

afuom drobɛn

澆水壺

tontora a yɛde gu nsuo

長柄大鐮刀

sekan a yɛde twa aburo

犁

funtum dadeɛ

鐮刀
kontonkrɔ

鋤頭
asɔ

長柄草耙
afuom adinam

斧頭
akuma

獨輪手推車
hweebaro

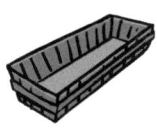

飼料槽
adidika

牛奶罐
nufusuo konko

麻布袋
bɔtɔ

柵欄
ɛban

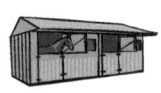

馬廄
pɔnkɔ dan

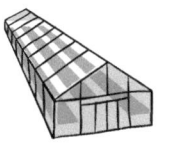

溫室
ntomadan a yɛyɛ mu afuo

土壤
anwea

種子
aba

肥料
ɔyɛ asaaseyie

聯合收割機
otwaberɛ trakta

收割
twa

收割
otwaberɛ

地瓜
bayerɛ

小麥
ayuo

大豆
soya

土豆
abrɔdwomaa

玉米
aburo

油菜籽
repu aba

果樹
dua a ɛso aba

樹薯
bankye

穀物
aburo asefoɔ

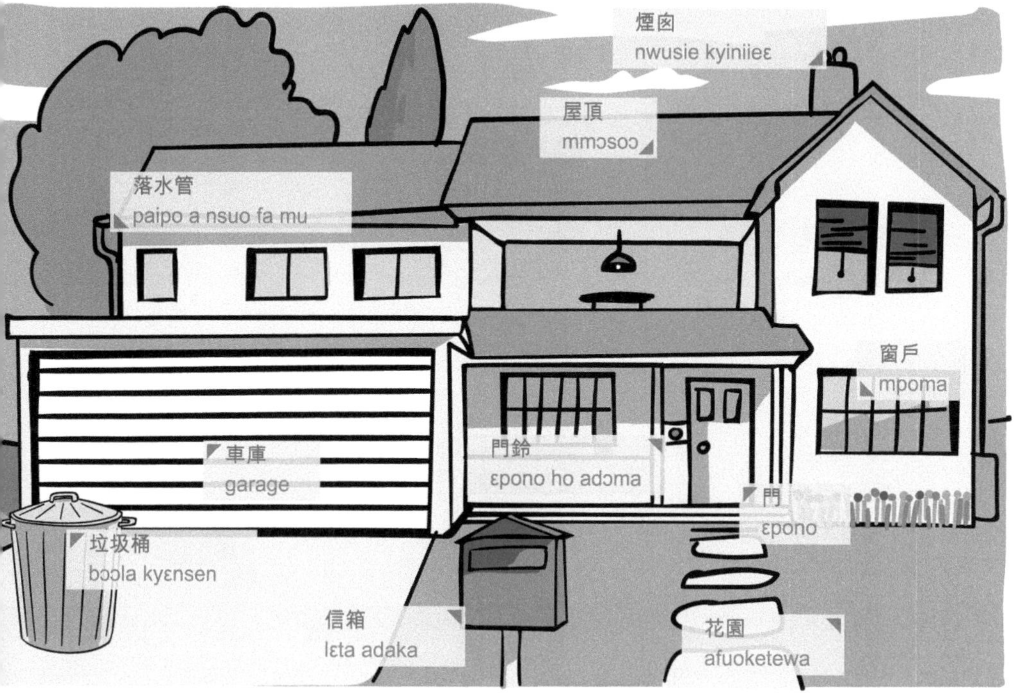

煙囪
nwusie kyiniieɛ

屋頂
mmɔsoɔ

落水管
paipo a nsuo fa mu

窗戶
mpoma

車庫
garage

門鈴
ɛpono ho adɔma

門
ɛpono

垃圾桶
bɔɔla kyɛnsen

信箱
lɛta adaka

花園
afuoketewa

客廳
asaso

浴室
adwareɛ

廚房
mukaase

臥室
pie mu

兒童房
nkwadaa dan mu

餐廳
dan a yɛdidi mu

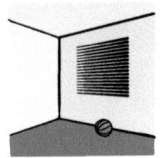

地板
εfam

牆壁
εban

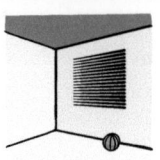

天花板
abruuso

地窖
danbloo

三溫暖
adwereε a εbɔ ɔhyew

陽臺
abranaa

露臺
abranaaso

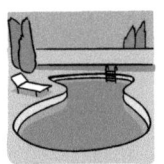

游泳池
nsuo a yεdware mu

割草機
afidie a yεde dɔ

被單
nsεfam

床罩
ntoma a εse kεtε so

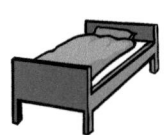

床
mpa

掃帚
prayε

水桶
bokiti

開關
dane

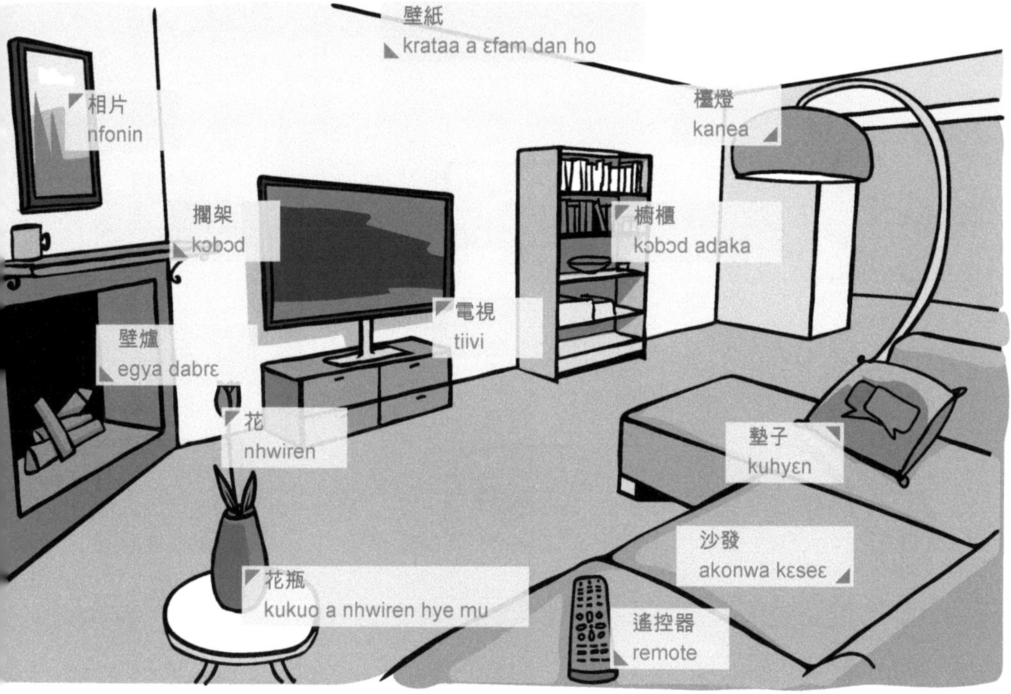

壁紙
krataa a ɛfam dan ho

相片
nfonin

欄架
kɔbɔd

櫃燈
kanea

櫥櫃
kɔbɔd adaka

壁爐
egya dabrɛ

電視
tiivi

花
nhwiren

墊子
kuhyɛn

沙發
akonwa kɛseɛ

花瓶
kukuo a nhwiren hye mu

遙控器
remote

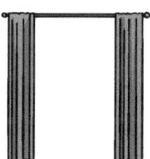

地毯
kapɛte

窗簾
ntwaa dan mu

餐桌
ɛpono

椅子
akonwa

搖椅
akonwa a ehinhim

扶手椅
akonwa a yɛgyegye dan

書
nwoma

毯子
kuntu

裝飾品
dan mu nsiesie

木柴
egya

電影
sini

高傳真音響
wailɛs

鑰匙
safoa

報紙
koowaa krataa

油畫
nfonin a y'adwi

海報
nfam danho

收音機
radio

筆記本
krataa a yɛ twere mu

吸塵器
afidie a ɛprapra

仙人掌
kaktus

蠟燭
kyɛnere

廚房
mukaase

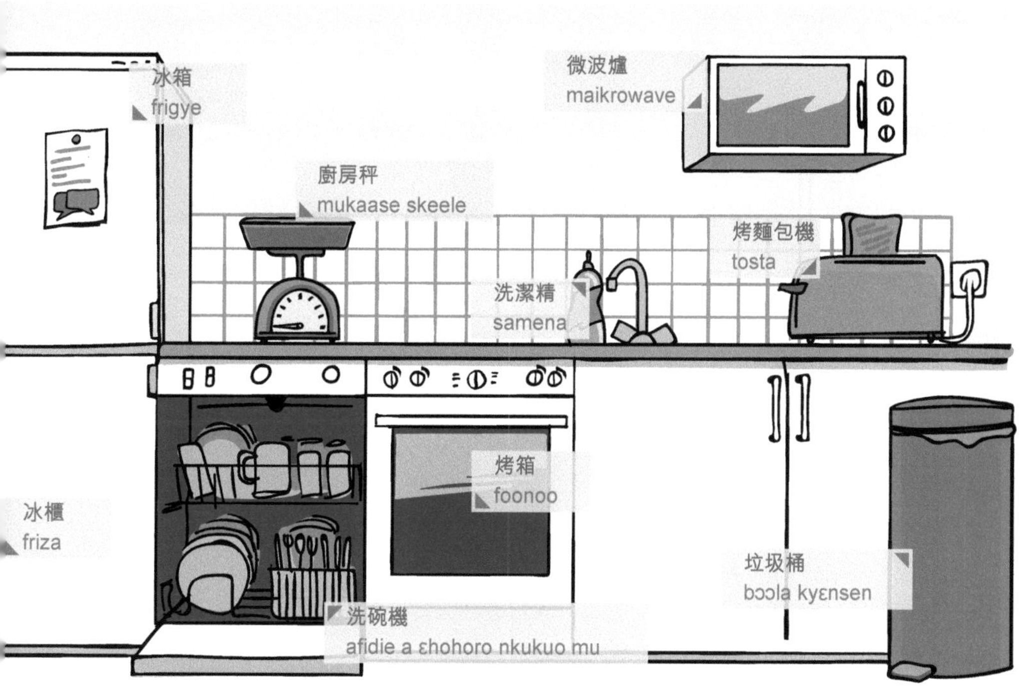
冰箱
frigye
微波爐
maikrowave
廚房秤
mukaase skeele
烤麵包機
tosta
洗潔精
samena
烤箱
foonoo
冰櫃
friza
垃圾桶
bɔɔla kyɛnsen
洗碗機
afidie a ɛhohoro nkukuo mu

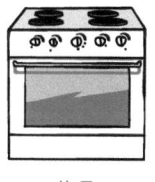

炊具
abɛɛfo bukyea

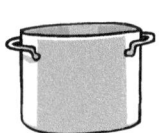

鍋
kokuo

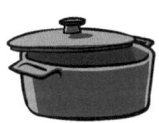

鑄鐵鍋
dadesɛn

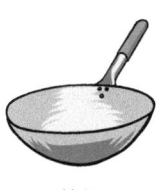

炒鍋
wok / kadai

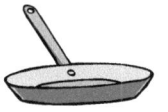

平底鍋
kyɛnsee

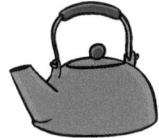

水壺
nsuo hyeɛ afidie

蒸鍋

stiima

烤盤

apa a yɛ to so adeɛ

陶瓷鍋

prɛte, kuruwa, ntere ne nea
ɛkeka ho

馬克杯

kuruwa a etumi bɔ

碗

kyɛnsee

筷子

nnua a yɛde didi

長柄勺

kwantre

鏟子

dua atere

攪拌器

yɛde nu adeɛ mu

濾網

sɔneɛ

篩子

fefe

磨碎機

greta

研缽

waduro

燒烤

kyinkyinga

明火

bukyea

菜板

pono a yɛ twitwaso adeɛ

擀麵杖

ɛta

開瓶器

deɛ yɛtu nsa so

罐子

konko

開罐器

deɛ yɛde bue konko so

隔熱手套

yɛde sɔ kukuo mu

水槽

sink

刷子

brɔhye

海綿

sapɔ

攪拌機

aduane yam fidie

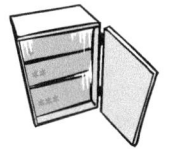

冷藏箱

friza nini

奶瓶

toa a abɔdoma nom ano

水龍頭

paipo

浴室

adwareɛ

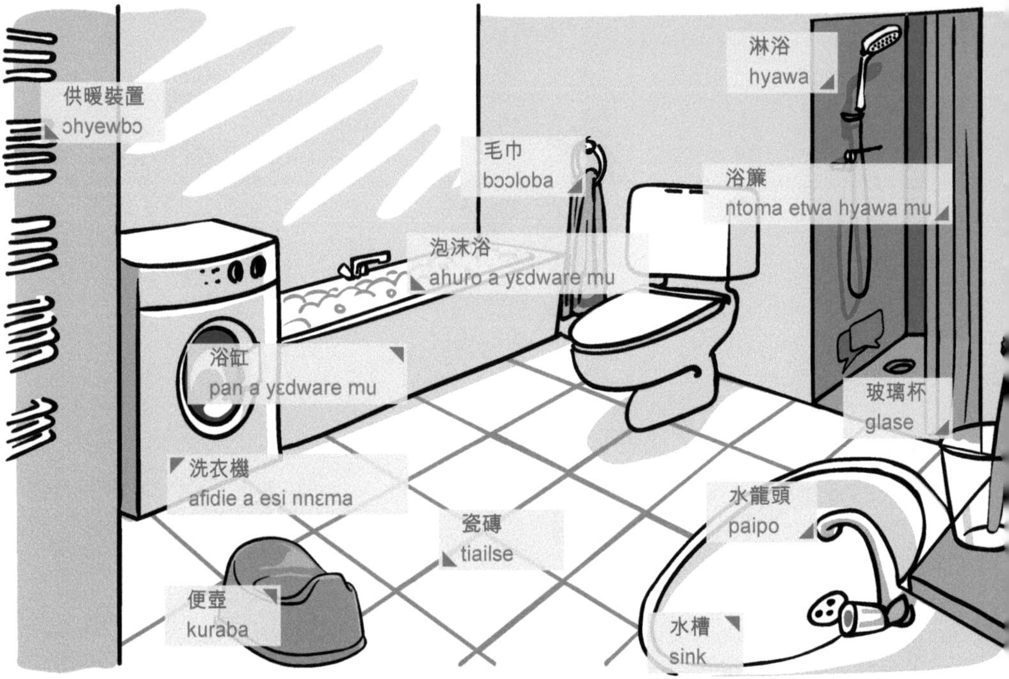

供暖裝置
ɔhyewbɔ

淋浴
hyawa

毛巾
bɔɔloba

浴簾
ntoma etwa hyawa mu

泡沫浴
ahuro a yɛdware mu

浴缸
pan a yɛdware mu

玻璃杯
glase

洗衣機
afidie a esi nnɛma

瓷磚
tiailse

水龍頭
paipo

便壺
kuraba

水槽
sink

廁所

teɛfi

蹲便器

teɛfi a yɛ koto so

坐浴器

bidet teɛfi

小便斗

dwonsɔ dan

廁紙

teɛfi so krataa

馬桶刷

teɛfi so brɔhye

牙刷
rohye a yɛde twitwiri see

牙膏
aduro a yɛde twitwiri see

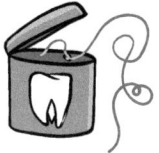

牙線
yɛde yiyi ɛsee mu

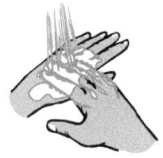

洗
si

手持式蓮蓬頭
hyawa a yɛsɔ mu

沖洗器
paipo a yɛde hohoro
ananmu

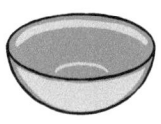

洗臉盆
bokiti

洗背刷
brɔhye a wode dware w'akyi

肥皂
samena

沐浴露
hyawa samena

洗髮乳
nsuo samena

法蘭絨
flanɛl ntoma

排水
baabi a nsu fa pue

乳霜
nku

除臭劑
yɛde fefa amotoamu

鏡子

ahwehwɛ

手鏡

ahwehwɛ a yɛsɔ mu

刮鬍刀

bled

刮鬍泡沫

ahuro a yɛde yi nwi

鬚後水

aduro a yɛde fefa baabi a
wo ayi nwi

梳子

afen

刷子

brɔhye

吹風機

afidie a ɛwo nwi

噴髮定型劑

enwi sopre

化妝品

pɔns

唇膏

lipstike

指甲油

penti a yɛde mɔreɛ so

化妝棉

asaawa

指甲剪

apasoɔ a etwa mmɔreɛ

香水

aduhwam

洗漱包

adwareɛ baage

凳子

edwa

計重秤

skele

浴袍

adwereɛ ataadeɛ

橡膠手套

rɔba a yɛde hyɛ nsa ho

衛生棉條

tampon

衛生棉

abɛɛfo amonsen

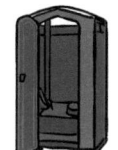

化學廁所

teɛfi a aduro gum

兒童房

nkwadaa dan mu

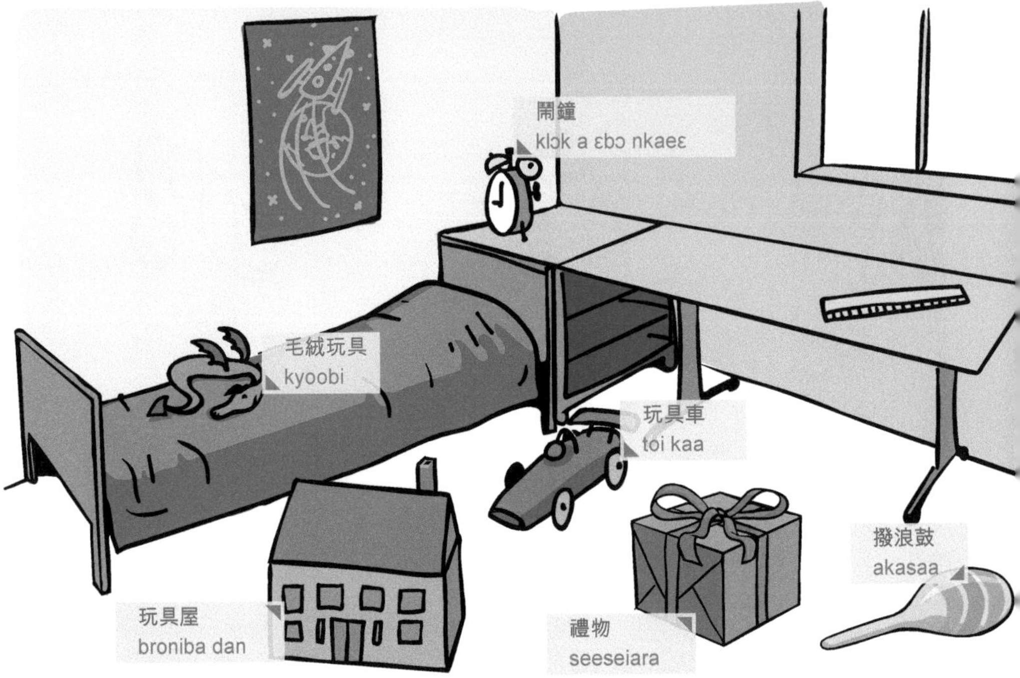

鬧鐘
klɔk a ɛbɔ nkaeɛ
毛絨玩具
kyoobi
玩具車
toi kaa
撥浪鼓
akasaa
玩具屋
broniba dan
禮物
seeseiara

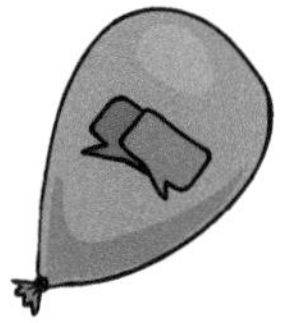

氣球

baaluu

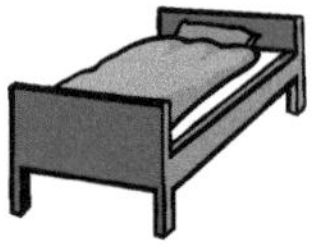

床

mpa

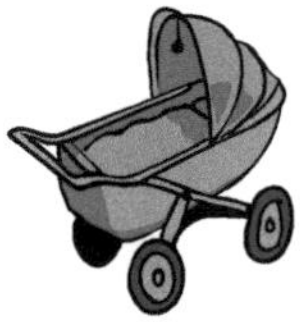

嬰兒車

nkwadaa kaa

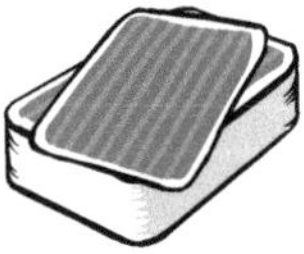

撲克牌

sopaa

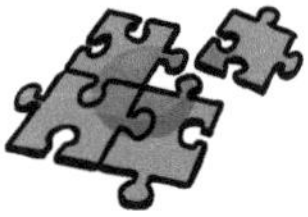

拼圖

gyiksɔɔ

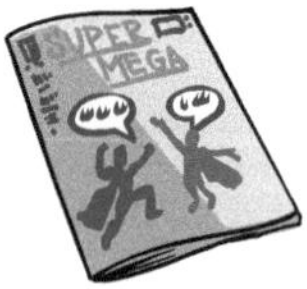

SUPER
MEGA

漫畫

nsɛnkwa

樂高積木

lego blɔg

積木玩具

blɔg a yɛde si dan

公仔

nnipa ɔbɔhye

嬰兒服

abɔdoma ataadeɛ

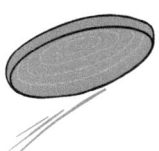

飛盤

frisbee

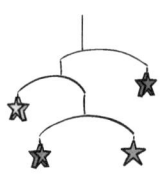

床鈴玩具

mobail

棋盤遊戲

ponoso agodie

骰子

daahye

火車模型

nkwadaa keteke

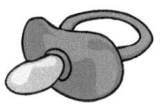

安撫奶嘴

koliko

派對

apontoɔ

繪本

nfonin nwoma

球

bɔɔlo

洋娃娃

broniba

玩

di agorɔ

沙坑

anwea adaka

鞦韆

adonko

玩具

tois

電玩遊戲

video agodie apaawa

三輪車

sakre a ne nan mɛɛnsa

泰迪熊

kyoobi

衣櫃

wɔdropo

衣服

ntaadeɛ

襪子

sɔks

長襪

stokens

緊身褲

sekentait

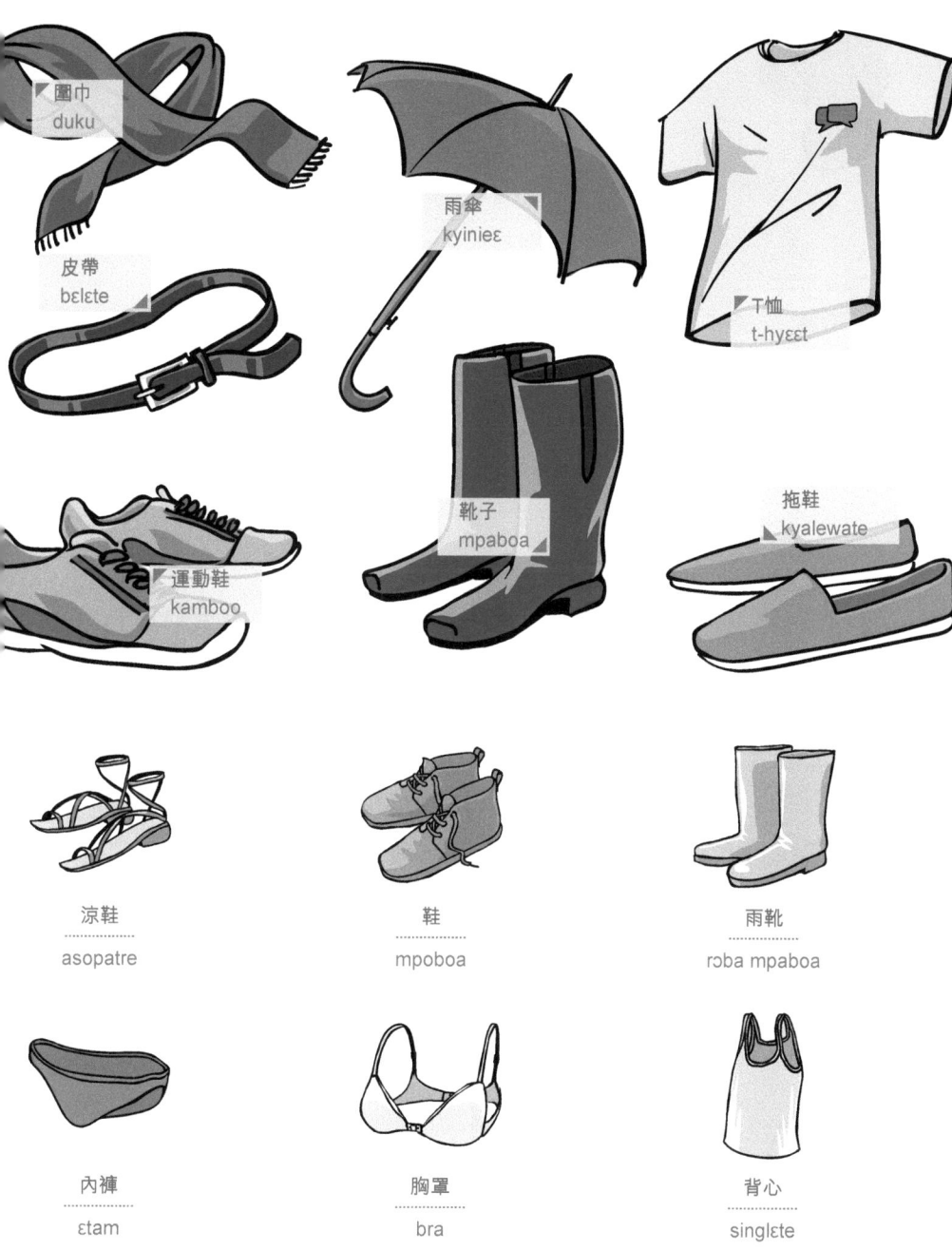

圍巾
duku

皮帶
bɛlɛte

雨傘
kyiniɛ

T恤
t-hyɛɛt

靴子
mpaboa

拖鞋
kyalewate

運動鞋
kamboo

涼鞋
asopatre

鞋
mpoboa

雨靴
rɔba mpaboa

內褲
ɛtam

胸罩
bra

背心
singlɛte

衣服 - ntaadeɛ   45

身體

nipadua

褲子

trɔsa

牛仔褲

gyins

短裙

sekɛɛt

女式襯衫

ɛsoro ataadeɛ

襯衫

hyɛɛte

套頭衫

nkatoho a ɛko awɔ

連帽上衣

hoodie

西裝夾克

koot

夾克

nkatasoɔ

外套

nkatasoɔ

雨衣

nsutɔ mu nkataho

套裝

dwumadie bi ho ataadeɛ

連衣裙

mmaa atadeɛ

婚紗

ayefrɔ ataadeɛ

西裝
kootu

睡袍
mmaa ataadeɛ a yɛde da

睡衣
pigyamas ataadeɛ

莎麗
sari

頭巾
duku

包頭巾
abotire

波卡
burka

卡夫坦
kaftan

(阿拉伯式)長袍
nkramofoɔ mmaa atadeɛ

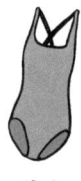

泳衣
aadeɛ a yɛde dware nsuo

男式泳褲
asenemu ataadeɛ

短褲
nika

運動服
agokansie ntaadeɛ

圍裙
akatasoɔ

手套
nsa nkataho

鈕扣

bɔtom

眼鏡

sopɛɛse

手鏈

ahwneɛ

項鍊

komadeɛ

戒指

kawa

耳環

asomadeɛ

便帽

ɛkyɛ

衣架

yɛde koot sɛn so

帽子

ɛkyɛ

領帶

abɔmene mu

拉鍊

zip

安全帽

ɛkyɛ denden

背帶

bresis

校服

sukuu ataadeɛ

制服

adwuma ataadeɛ

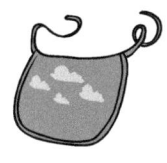

圍兜

mmɔfra bib

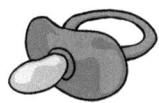

安撫奶嘴

koliko

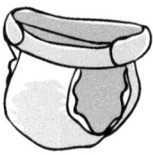

尿布

nkwadaa napken

辦公室

asoeɛ

伺服器
sɛɛva
檔案櫃
kabenɛt
紙
krataa
印表機
printa
螢幕
monita
辦公桌
ɛpono a yɛyɛ so adwuma
滑鼠
Maws
資料夾
nhyemu
鍵盤
ntwerɛɛɛ pono
a yɛde krataa nwura gu mu
電腦
komputa
椅子
akonwa

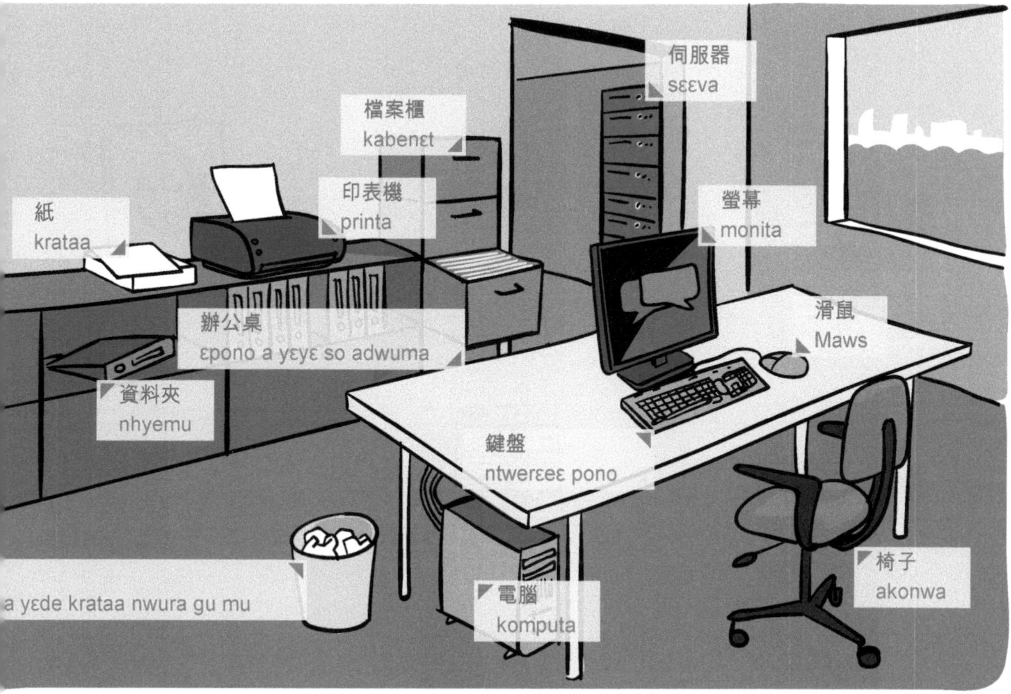

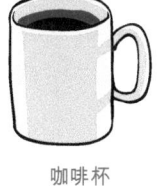

咖啡杯

kɔfe kuruwa

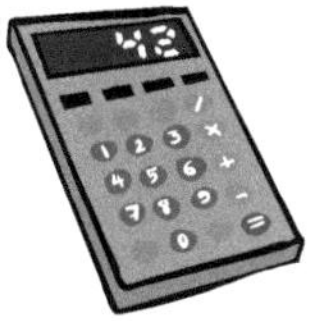

計算機

akontabuo fidie

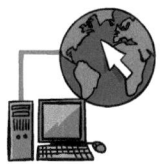

網際網路

intanɛt

筆記型電腦
laptop

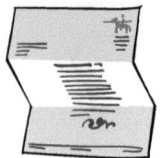

信件
lɛta

簡訊
nkratɔɔ

行動電話
mobail kasafidie

網路
nɛtwɛke

影印機
fotokɔpi

軟體
softwɛɛ

電話
tetefon

插座
sɔkɛt

傳真機
faks afidie

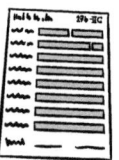

表格
katraa

檔案
nkrataa

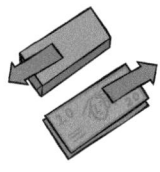

買

to

付錢

tua

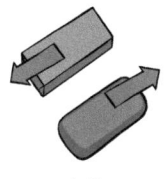

交易

di dwa

現金

sika

美元

dollar

歐元

euro

日元

yen

盧布

rubel

瑞士法郎

Swiss franks

人民幣

renminbi yuan

盧比

rupii

提款處

baabi yɛtua sika

外幣兌換處

baabi a yɛ sesa sika

金

sika kɔkɔɔ

銀

dwetɛ

石油

now

能源

ahooden

價格

ne boɔ

合約

kontragye

稅金

cotɔ

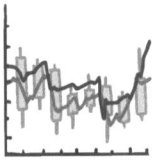

股票

stɔk

工作

adwuma

職員

adwumayɛni

老闆

adwumawura

工廠

mfididwuma mu

商店

sotɔɔ

職業

nwuma ahodoɔ

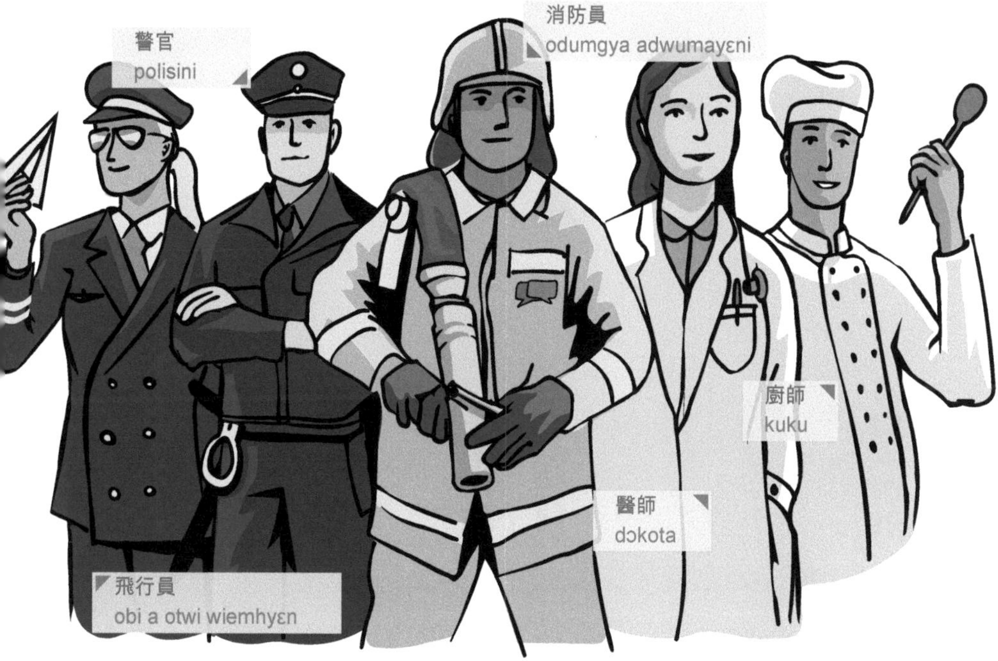

警官
polisini
消防員
odumgya adwumayɛni
廚師
kuku
醫師
dɔkota
飛行員
obi a otwi wiemhyɛn

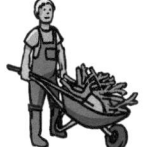

園丁

ɔyɛ afuo

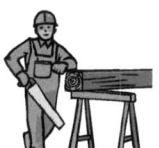

木匠

dua dwomfoɔ

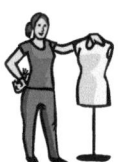

裁縫

adepani baa

法官

atɛnmuafoɔ

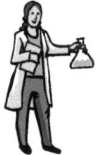

化學家

ɔtɔn nnuro

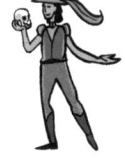

演員

sini yɛfoɔ

公車司機

bɔs drɔba

計程車司機

taisi drɔba

漁夫

ɔpofoɔ

清洗女工

ɔbaa a osiesie fie

屋頂工

ɔbɔdanso

服務生

ɔsom adidieɛ

獵人

bɔmɔfoɔ

畫家

penta

麵包師

ɔto paano

電工

ɔyɛ nkaneɛ ho adwuma

建築工人

ɔdansifoɔ

工程師

inginia

屠夫

ɔdwa nam

水管工

plɔmba

郵差

krataa manefoɔ

士兵
sogyani

建築師
ɔdwi adan

收銀員
ɔgyegye sika

花農
ɔtɔn nhwiren

理髮師
ɔyɛ tire

售票員
meeti

機械技師
fitani

船長
nnipa a otwi suhyɛn

牙醫
ɛsee dɔkota

科學家
abɔdeɛ mu nimdefoɔ

拉比
rabi

伊瑪目
kramo panin

和尚
ɔsɔfo

牧師
ɔsɔfo

工具

anwenade

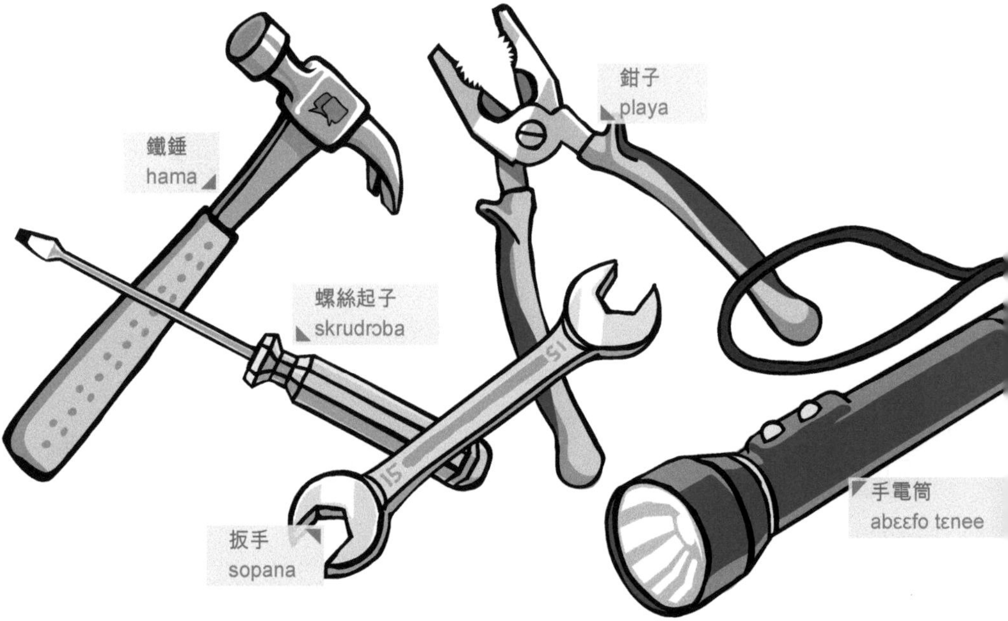
鉗子
playa
鐵錘
hama
螺絲起子
skrudrɔba
手電筒
abɛɛfo tɛnee
扳手
sopana

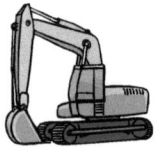

挖掘機
otu amena

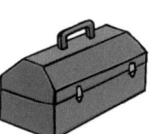

工具箱
anwenade adaka

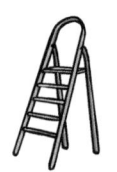

梯子
atwedeɛ

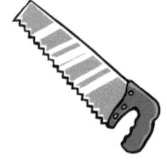

鋸子
asradaa

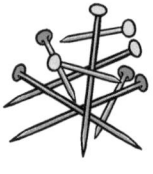

釘子
nnadewa

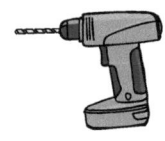

鑽機
afidie a yɛde bɔne tokro

修
siesie

鏟子
sofi

糟糕！
Ebei!

畚箕
asanwura

油漆桶
penti kukuo

螺絲
skruu

樂器

nneɛma a yɛde bɔ nwom

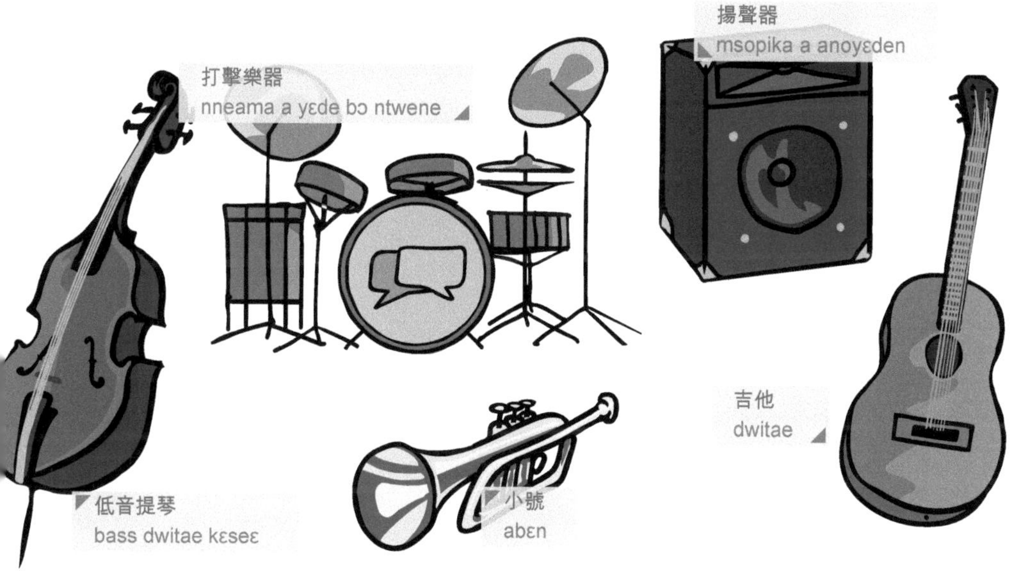

揚聲器
msopika a anoyɛden

打擊樂器
nneama a yɛde bɔ ntwene

吉他
dwitae

低音提琴
bass dwitae kɛseɛ

小號
abɛn

鋼琴

sankuo

小提琴

ahoma sankuo

貝斯

bass dwitae

定音鼓

atumpan

鼓

ntwene

電子琴

ntwerɛɛ apa

薩克斯風

saksofon

長笛

atentenbɛn

麥克風

maikrofon

動物園

ZOO

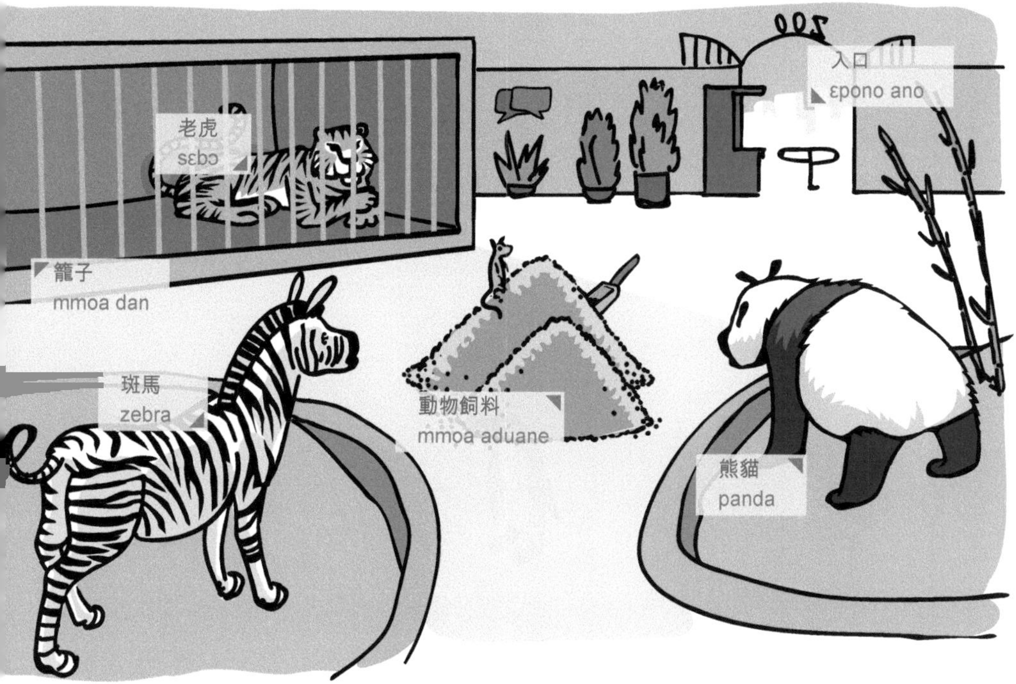

入口
ɛpono ano
老虎
sɛbɔ
籠子
mmoa dan
斑馬
zebra
動物飼料
mmoa aduane
熊貓
panda

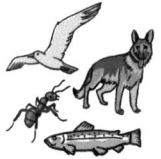

動物

mmoa

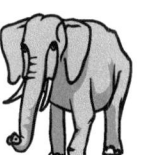

大象

ɔsono

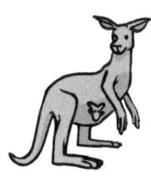

袋鼠

kangaru

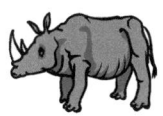

犀牛

raino

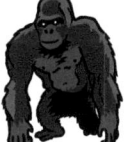

大猩猩

akatea

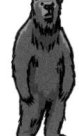

熊

sisire

駱駝

afunupɔnkɔ

鴕鳥

sohori

獅子

gyata

猴子

adwee

紅鶴

flamingo

鸚鵡

ako

北極熊

awɔ mu sisire

企鵝

penguin

鯊魚

oboodede

孔雀

akɔkonini abankwa

蛇

wɔwɔ

鱷魚

dɛnkyɛm

動物園管理員

nnipa ɛhwɛ zoo so

海豹

nsuo mu gyata

美洲豹

sebɔ

矮種馬

pɔnkɔ ba

豹

etwie

河馬

susuono

長頸鹿

kɔntenten

老鷹

ɔkɔdeɛ

野豬

kɔkote

魚

apataa

龜

sudandan

海象

walrus

狐狸

sakraman

羚羊

ɔtwee

橄欖球
Amerikafoɔ futbɔɔlo

騎腳踏車
skre twie

網球
tennis

籃球
basketbɔɔlo

游泳
nsuom adwareɛ

拳擊
akutruku

冰球
asukɔkyea so hɔki

美式足球
futbɔl

羽毛球
badmintin

田徑
mirikatuo

手球
bɔɔlo a yɛde nsa bɔ

滑雪
skii

馬球
polo

跳
huri

擁抱
bam

笑
sere

走路
nante

唱
to dwom

做夢
so daeɛ

祈禱
bɔ mpaeɛ

親吻
fe ano

書寫
twerɛ

畫
dwi

展示
kyerɛ

推
pia

給
ma

拿
fa

有
nya

做
yɛ

當
yɛ

站
gyina

跑
tu mirika

拉
twe

丟
to

摔倒
tɔ fam

躺
da hɔ

等待
twɛn

攜帶
soa

坐
tenase

穿衣
hyɛ ataadeɛ

睡覺
da

醒來
nyane

看
hwε

哭
su

擊
san ho

梳頭
nunum

交談
kasa

明白
te aseε

問
bisa

聽
tie

喝
nom

吃
didi

清理
yε nsiesie

愛
ɔdɔ

做飯
noa

開車
twi

飛
tu

航行

fa nsuo so

計算

sese

讀

kenkan

學習

sua

工作

adwuma

結婚

ware

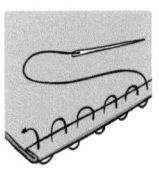

縫

pam

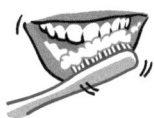

刷牙

twitwiri wo se

殺

kum

抽菸

nom gyɔt

寄

mane

祖母
nana baa

祖父
nana barima

父親
papa

母親
maame

嬰兒
abodoma

女兒
ba baa

兒子
ba barima

客人
ɔcɔhcɔ

阿姨
sewaa

叔叔
wɔfa

兄弟
nua barima

姐妹
nua baa

身體

nipadua

前額
moma
眼睛
ani
肩膀
abɛtire
手指
nsatea
臉
anim
下巴
apantan
手
nsa
腿
ɛnan
乳房
nufoɔ
手臂
nsa

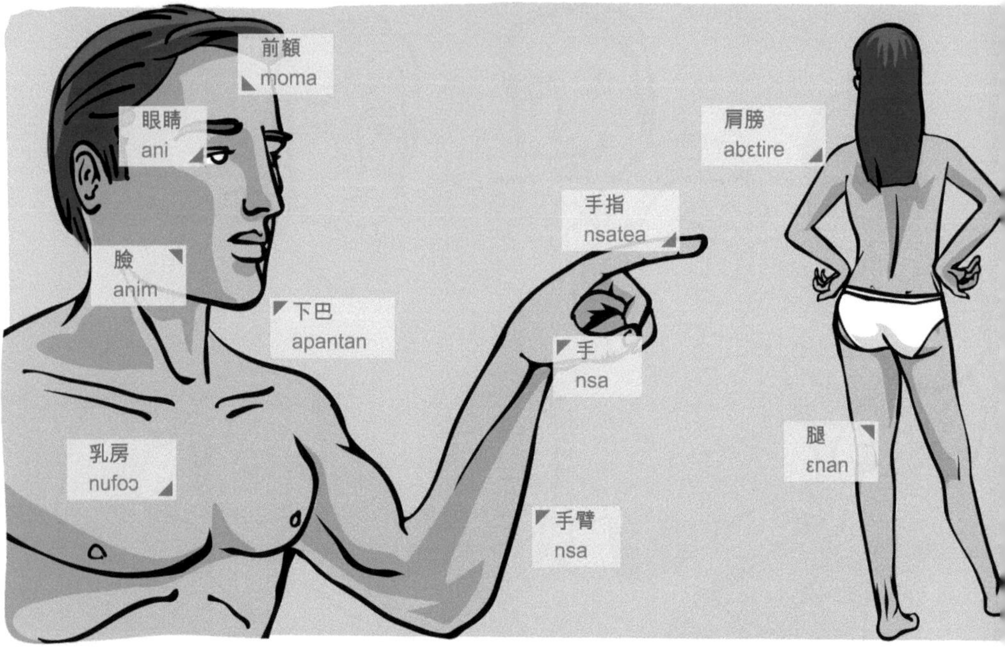

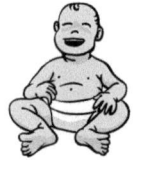

嬰兒
abɔdoma

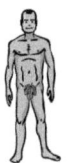

男人
barima

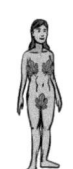

女人
ɔbaa

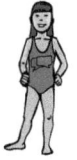

女孩
abayewa

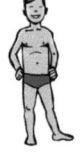

男孩
abarimawa

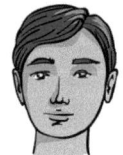

頭
etire

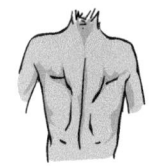

背部

akyi

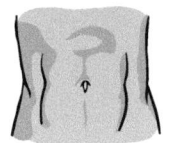

肚子

afro

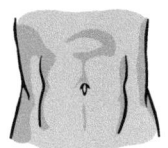

肚臍

fruma

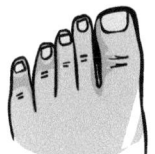

腳趾

nansoa

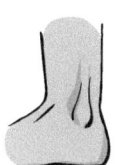

腳後跟

nantini

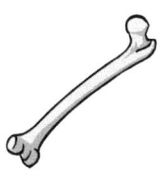

骨頭

dompe

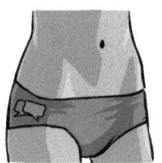

臀部

cɔasata

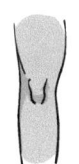

膝蓋

kotodwe

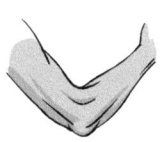

手肘

abatwɛ

鼻子

ɛhwene

屁股

cɔtɔ

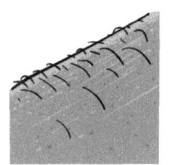

皮膚

wedeɛ

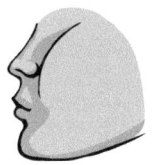

臉頰

afono

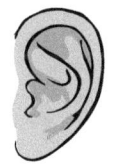

耳朵

aso

嘴唇

ano

嘴

anom

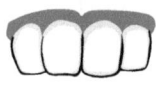

牙齒

ɛsee

舌頭

tɛkyerɛma

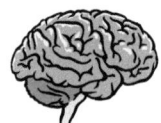

腦

adwene

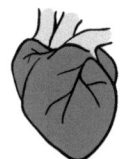

心臟

akoma

肌肉

ntini

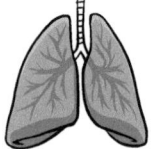

肺

aharawa

肝臟

brɛbɔɔ

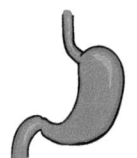

胃

yafunu

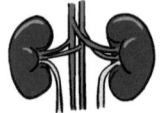

腎臟

asaa

性交

nna

保險套

kɔndɔm

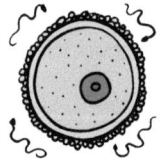

卵子

ɔbaa nkosua

精子

barima ho nsuo

懷孕

nyinsɛn

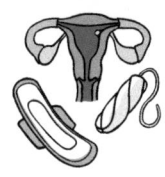

月事

nsabuo

陰道

ɛtwɛ

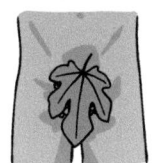

陰莖

kɔteɛ

眉毛

anintɔn

頭髮

enwin

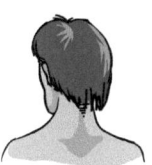

脖子

ɛkɔn

醫院

ayaresabea

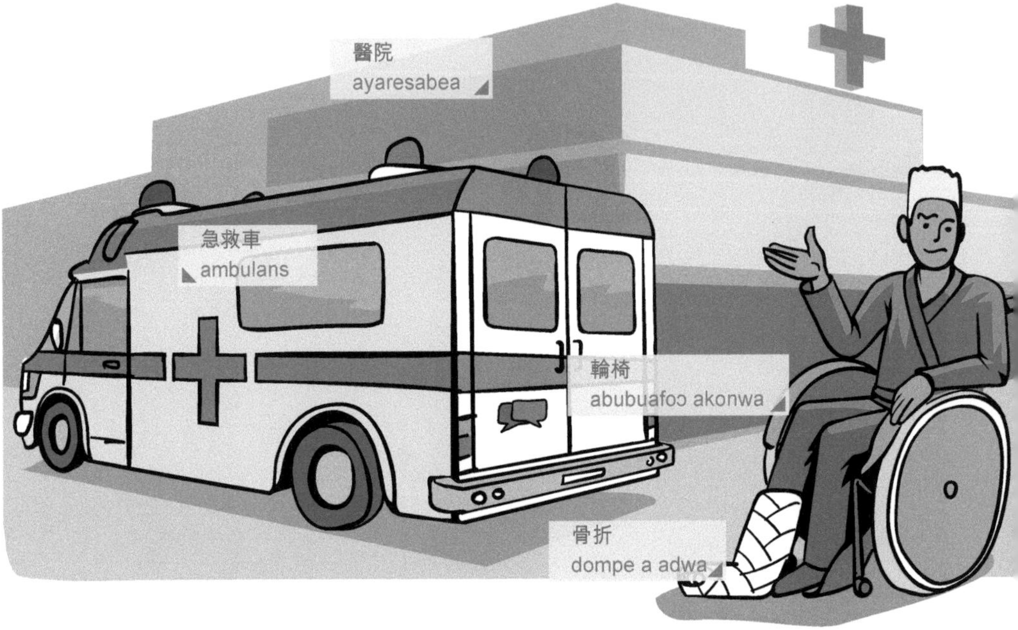

醫院
ayaresabea
急救車
ambulans
輪椅
abubuafoɔ akonwa
骨折
dompe a adwa

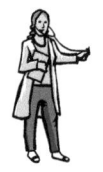

醫師

dɔkota

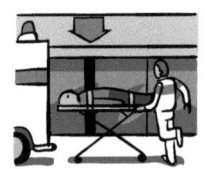

急診室

ɛdan a wɔde putupru nsɛm kɔmu

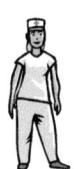

護理師

nɛɛse

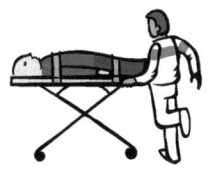

緊急情形

putupru

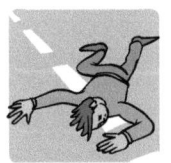

昏迷

wɔ atwa ahwe

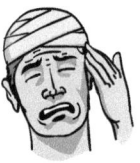

痛

yea

受傷

epira

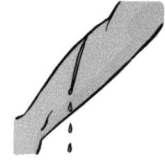

出血

mogyatuo

心臟病發作

akoma yarenini

中風

stroke yareɛ

過敏

allegyi

咳嗽

ɛwa

發燒

ahɔɔhyeɛ

流感

papu

腹瀉

ayamtuo

頭痛

tipaeɛ

癌症

kokoram

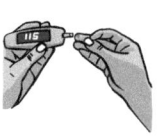

糖尿病

asikyire yareɛ

外科醫師

dɔkota a ɛyɛ ɔprehyɛn

手術刀

skapɛl sekan

手術

aprehyɛn

電腦斷層掃描
CT

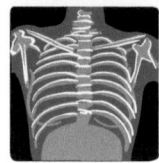

X光
x-ray

超音波
ultrasound

口罩
nkatanim

疾病
yareɛ

候診室
ɛdan a wɔ twɛn mu

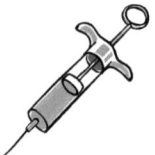

拐杖
krɔhyes

石膏
plasta

繃帶
banege

注射
paneɛ

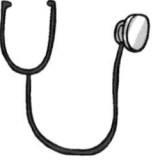

聽診器
Stetoskop

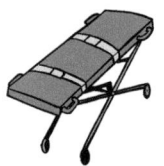

擔架
ahomankaa

體溫計
afidie a esusu ahɔɔhyeɛ

出生
awoɔ

超重
kɛseɛ mmorosoɔ

醫院 - ayaresabea

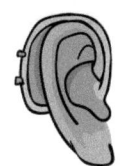

助聽器

afidie a ɛboa asɛmtie

消毒液

aduro a ekum mmoawa

感染

yareɛ a mmoawa deba

病毒

vaarɔs

愛滋病

HIV / AIDS

藥物

aduro

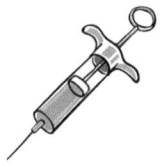

接種疫苗

aduro a esi yareɛ ano

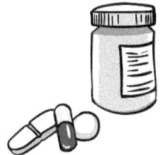

藥片

aduro tablɛte

藥丸

topaeɛ

急救電話

ɔfrɛ wɔ putupru so

血壓計

afidie a esusu mogya mmrosoɔ

生病/健康

yareɛ / apomuden

救命！

Boa me!

警報

kɔkɔbɔ

突擊

ɛbɔrɔ

攻擊

ato ahyɛ obi so

危險

ɛyɛ hu

緊急出口

baabi a yɛfa de pue putupru
so

失火了！

Ogya!

滅火器

afidie a yɛde dumgya

意外

nkwanhyia

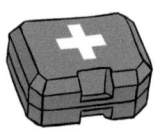

急救箱

nneɛma yɛde sɔ yareɛ ano

呼救訊號

SOS

員警

polisi

歐洲

Yuropo

北美洲

Amerika atifi

南美洲

Amerika ananfɔɔ

非洲

Abiberm

亞洲

Asia

澳洲

Australia

大西洋

Atlantik

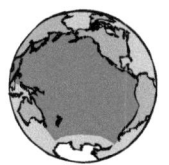

太平洋

Pasifek

印度洋

India po kɛseɛ

南冰洋

Antaatek po keseɛ

北冰洋

Aatek po kɛseɛ

北極

Ewiase atifi

南極
Ewiase anaafoɔ

南極洲
Antaatek

地球
Ewiase

陸地
asaase

海
ɛpo

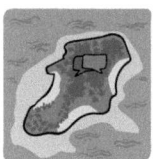

島
supɔ

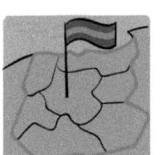

國家
ɔman

州
ɔman

錶盤

klɔko no anim

時針

dɔnhwere nsa no

分針

sima nsa

秒針

anitɛtɛ nsa no

現在幾點？

Abɔ sɛn?

天

da

時間

berɛ

現在

seeseiara

電子錶

wkye a nɔma wɔ so

分

sima

時

dɔnhwere

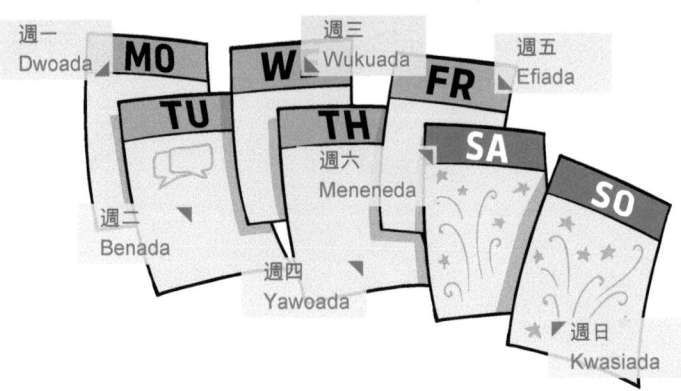

週一 Dwoada
週二 Benada
週三 Wukuada
週四 Yawoada
週五 Efiada
週六 Meneneda
週日 Kwasiada

昨天

εnora

今天

εnora

明天

ɔkyina

早晨

anɔpa

中午

prεmtobrε

晚上

anwumerε

工作日

adwuma nna

週末

nnawɔtwe awieε

年

afe

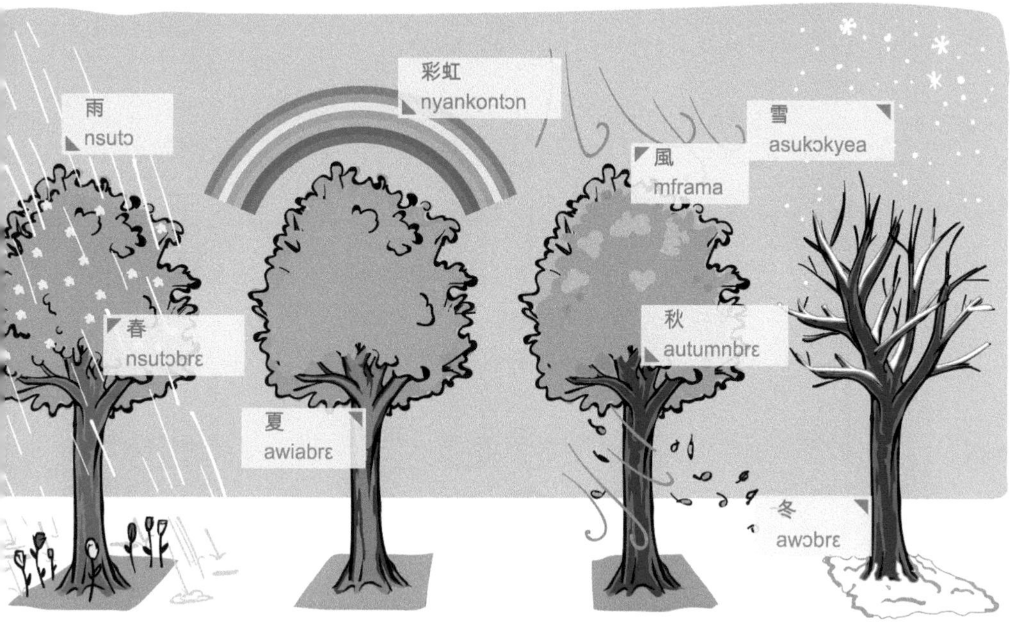

雨
nsutɔ
彩虹
nyankontɔn
雪
asukɔkyea
風
mframa
春
nsutɔbrɛ
秋
autumnbrɛ
夏
awiabrɛ
冬
awɔbrɛ

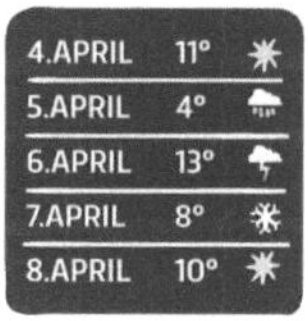

4.APRIL 11°
5.APRIL 4°
6.APRIL 13°
7.APRIL 8°
8.APRIL 10°

天氣預告

ewiem nsakrɛeɛ

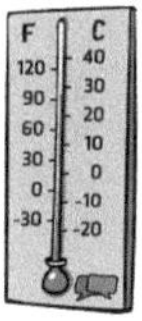

F
C
120
90
60
30
0
-30
40
30
20
10
0
-10
-20

溫度計

afidie a esusu ade ho hyeɛ

陽光

awiabɔ

雲

munukum

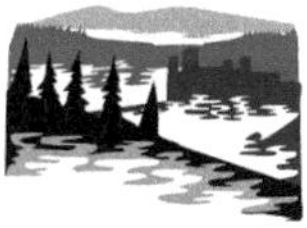

霧

ɛbɔ

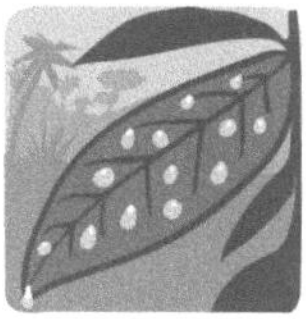

潮濕

ewiem nsuo

閃電

ayerɛmo

打雷

apranaa

風暴

ehum

冰雹

asukɔkyea

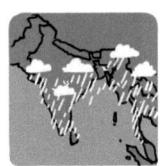

季風

monsoonbrɛ

洪水

nsuyiri

冰

aise

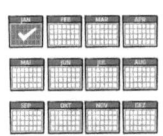

一月

ɔpɛpɔn

二月

ɔgyefɔɔ

三月

ɔbɛnem

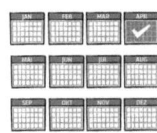

四月

Oforisuo

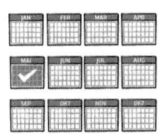

五月

Kotonimaa

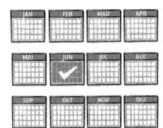

六月

Ayɛwohomumu

七月

Kitawonsa

八月

ɔsanaa

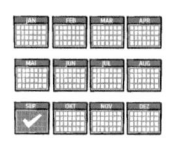

九月

ɛbɔ

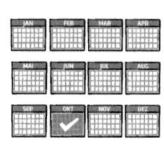

十月

Ahinime

十一月

Obubuo

十二月

ɔpɛnimaa

形狀

abosuo

圓形

kanko

正方形

sokwɛɛ

長方形

rɛktangel

三角形

triangel

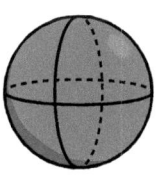

球體

krukruwa

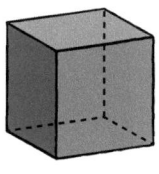

立方體

adaka

白

fitaa

黃

akokɔ sradeɛ

橙

ankaa

粉

pink

紅

kɔkɔɔ

紫

pɛpol

藍

bruu

綠

ahaban mono

棕

braun

灰

nson

黑

tuntum

很多/少許

pii / ketewa

生氣/平靜

wo boafu / wɔ adwo

美/醜

ɛyɛ fɛ / ɛyɛ tan

首/尾

ahyɛseɛ / awieɛ

大/小

kɛseɛ / esua

明/暗

ɛha / esum

兄弟/姐妹

nuabarima / nuabaa

乾淨/骯髒

ɛho te / ayɛ fin

完整/缺失

awie / enwieɛ

白天/晚上

awia / anadwo

死/生

awu / ɛte ase

寬/窄

emubae / ɛyɛ tea

可食用/非食用

yɛde /yɛnni

邪惡/善良

bɔne / tema

興奮/無聊

wɔ aniagye / wɔ ani nka

胖/瘦

ɔso / teatea

第一/最後

edikan / etwatoɔ

朋友/敵人

adamfoɔ / atamfo

滿/空

ayɛ mma / hwee nim

硬/軟

ɛdenden / mmerɛ mmerɛ

重/輕

ɛyɛ duru / ɛyɛ ha

餓/渴

ɛkɔm / nsukɔm

生病/健康

yareɛ / apomuden

非法/合法

etia mmara / ɛwɔ mmara mu

聰明/愚笨

nyansa / gyimi

左/右

benkum / nifa

近/遠

ɛbɛn / akyire

新/舊

foforɔ / dada

沒有/有些

hwee / biribi

老/幼

ɔwɔ anyini/ ɔsua

開/關

sɔ /dum

打開/闔上

bue / tom

安靜/吵鬧

dinn / dede

富/窮

ɔdefoɔ / ohia

對/錯

nifa / benkum

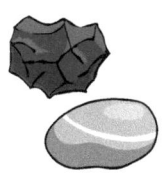

粗糙/光滑

werewerɛwerewerɛ / trontron

傷心/高興

awerɛhoɔ / anigyeɛ

短/長

tietia / tenten

慢/快

nyaa / ntɛm

濕/乾

cwa / cfa

溫暖/涼爽

dedɛɛdɛɛ / adwo

戰爭/和平

akoo / asomdweɛ

0

零

hwee

1

一

baako

2

二

mienu

3

三

meɛnsa

4

四

ɛnan

5

五

enum

6

六

nsia

7

七

nson

8

八

nwɔtwe

9

九

nkron

10

十

edu

11

十一

du-baako

12
十二
du-mienu

13
十三
du-meɛnsa

14
十四
du-nan

15
十五
du-num

16
十六
du-nsia

17
十七
de-nson

18
十八
du-nwɔtwe

19
十九
du-nkron

20
二十
aduonu

100
百
ɔha

1.000
千
apem

1.000.000
百萬
ɔpepem

英語

Brɔfo

美式英語

Amerikafoɔ Brɔfo

普通話

Chainfoɔ Mandarin

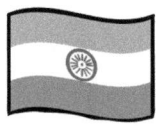

印地語

Hindi

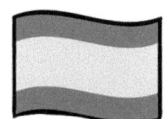

西班牙語

Spainfoɔ kasa

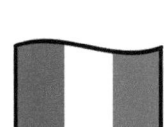

法語

French kasa

阿拉伯語

Arabia kasa

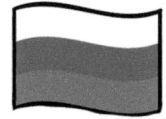

俄語

Russianfoɔ kasa

葡萄牙語

Portugalfoɔ kasa

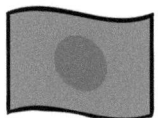

孟加拉語

Bengali

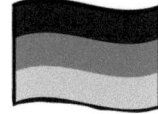

德語

Germanfoɔ kasa

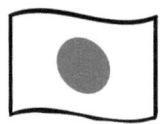

日語

Japanfoɔ kasa

我

Me

你

wo

他/她/它

ono

我們

yɛn

你們

wo

他們

ɔmmo

誰？

hwan?

什麼？

deɛ bɛn?

如何？

ɛyɛ deɛn?

何處？

ehen?

何時？

dabɛn?

名字

edin

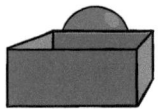

後面

akyire

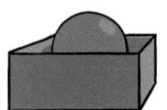

裡面

emu

前面

anim

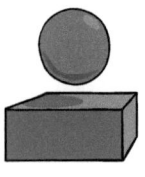

上方

εsoro

上面

εso

下麵

asεε

旁邊

nkyεn

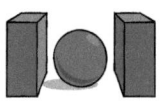

中間

ntεm

地點

beaε